Ar Garlam

Lefel 3: Canolradd

Meleri Wyn James (gol.)

Rhan o gyfres Ar Ben Ffordd

Hoffai'r Lolfa ddiolch i:

Elwyn Hughes, Cydlynydd Uwch, Cymraeg i Oedolion, Prifysgol Bangor

Dr Rhiannon Packer, Uwchddarlithydd Cymraeg, Addysg a Dyniaethau, Prifysgol Cymru, Casnewydd

Jane Davies, Tiwtor Cymraeg i Oedolion, Canolfan Morgannwg

Lynne Davies, Swyddog Datblygu Casnewydd, Cymraeg i Oedolion, Canolfan Gwent

David Stansfield, Tiwtor Cymraeg i Oedolion, Prifysgol Caerdydd

Mark Stonelake, Swyddog Cwricwlwm ac Adnoddau, Cymraeg i Oedolion, Prifysgol Abertawe

Steve Morris, Academi Hywel Teifi, Prifysgol Abertawe am ei waith ymchwil ar eirfa graidd

a chylchgrawn *lingo newydd* i ddysgwyr Cymraeg

Argraffiad cyntaf: 2012

Cynhyrchwyd y gyfrol hon gyda chymorth ariannol
Adran AdAS Llywodraeth Cymru

Golygydd: Meleri Wyn James
Cynllun y clawr: Rhys Huws

Rhif llyfr rhyngwladol: 978 1 84771 463 3

Cyhoeddwyd ac argraffwyd yng Nghymru
gan Y Lolfa Cyf., Talybont, Ceredigion, SY24 5HE
e-bost: ylolfa@ylolfa.com
y we: www.ylolfa.com
ffôn: 01970 832304
ffacs: 01970 832782

Ar Ben Ffordd

Darnau darllen i oedolion sy'n dysgu Cymraeg ers dros ddwy flynedd neu sy'n dilyn cwrs lefel Canolradd. *Ar Garlam (At a Gallop)* ydy'r pumed llyfr yn y gyfres Ar Ben Ffordd.

Mae yma amrywiaeth o ddeunydd ffeithiol a ffuglen, dwys a difyr gyda geiriau i'ch helpu chi ar bob tudalen. Mae'r darnau wedi eu hysgrifennu gan arbenigwyr ym maes dysgu Cymraeg ac awduron adnabyddus fel Bethan Gwanas, Lleucu Roberts a Geraint V Jones. Elwyn Hughes, Cydlynydd Uwch Cymraeg i Oedolion ym Mhrifysgol Bangor, ydy ymgynghorydd ieithyddol Ar Ben Ffordd. Am y tro cynta, mae'r gyfres hon yn arwain dysgwyr ymlaen o'r amser pan maen nhw'n dechrau darllen (Lefel 1: Mynediad) at Lefel 2 (Sylfaen), i rai sy'n dysgu Cymraeg ers blwyddyn neu ddwy, a Lefel 3 (Canolradd), i rai sy'n fwy profiadol.

Mae'n rhan o brosiect Llyfrau Darllen Cymraeg i Oedolion AdAS ac yn ymateb i'r angen yn y maes am gyfres o lyfrau darllenadwy i roi hyder i ddysgwyr ar eu siwrnai o un cam i'r nesa.

Darllenwch y gyfres Ar Ben Ffordd i gyd: Lefel 1 (Mynediad): *Camu Ymlaen* a *Ling-di-long*; Lefel 2 (Sylfaen): *Mynd Amdani* a *Nerth dy Draed*; Lefel 3 (Canolradd): *Ar Garlam* a *Cath i Gythraul*.

Enjoyable reading material for learners who have been learning Welsh for at least two years.

Ar Garlam is the fifth book in a series which provides accessible reading material for learners with vocabulary on each page, written by experts in the field of Welsh for learners and well-known Welsh authors such as Bethan Gwanas, Lleucu Roberts and Geraint V Jones. Elwyn Hughes from the department of Welsh for Adults at Bangor University acts as Ar Ben Ffordd's language consultant.

This is the first series of its kind which aims to start learners on the road to learning Welsh and provide them with the confidence to continue with their journey from Level 1 (Mynediad) to Level 2 (Sylfaen) and Level 3 (Canolradd).

The Ar Ben Ffordd series includes: Level 1 (Mynediad): *Camu Ymlaen* and *Ling-di-long*; Level 2 (Sylfaen): *Mynd Amdani* and *Nerth dy Draed*; Level 3 (Canolradd): *Ar Garlam* and *Cath i Gythraul*.

gog = geiriau sy'n cael eu defnyddio yng ngogledd Cymru/ *words used in north Wales*

de = geiriau sy'n cael eu defnyddio yn ne Cymru/ *words used in south Wales*

Cynnwys

Ffarwelio

Dim fi fydd y cynta. A dim fi fydd yr ola i gwympo mewn cariad gyda dyn priod. Wnes i ddim gwneud hynny yn fwriadol. Does 'na neb yn gwneud hynny yn fwriadol. Roeddwn i'n gwybod pa mor boenus fyddai e. Dyn priod oedd fy nhad i. Ond doedd e ddim yn briod gyda Mam. Roeddwn i'n casáu Mam am gwympo mewn cariad gyda dyn priod, a dyma fi nawr yn yr un sefyllfa.

Cyfarfod yn y gwaith wnaethon ni. Roeddwn i'n ei weld e bob dydd – os nad oedd e'n gweithio dramor – ac, am amser hir iawn, wnaethon ni ddim siarad â'n gilydd. Ond yna, un diwrnod, fe gwympodd y tun polish. Dod allan o'r swyddfa fach ar ben y staer oeddwn i. Fe wnaeth e weiddi ar fy ôl i: "Ei di ddim yn bell iawn heb bolish."

Roedd e'n iawn hefyd. Dydy menyw lanhau yn dda i ddim heb bolish. A dyna pryd digwyddodd e. Aeth e i nôl y polish i mi ac roedd ei lygaid glas e'n pefrio. Gwenodd arna i'n ddireidus hefyd. Gwên na welais i erioed mohoni o'r blaen. A dyna ni. Fe wnes i gwympo mewn cariad â fe yn y fan a'r lle.

Yna roedden ni'n siarad rhywbryd bob dydd. Yn tynnu coes, yn rhannu jôc. Roeddwn i'n anweledig i'r staff eraill ond roedd e bob amser yn gwneud amser i gael sgwrs. Ac roedd 'na rywbeth yn y ffordd roedd y llygaid glas yna'n edrych arna i... yn y ffordd roedden nhw'n dal fy llygaid i am eiliad yn rhy hir. Roedd rhywbeth yn dweud wrtha i ei fod e'n teimlo yr un fath amdana i.

Wnaeth e erioed ddweud wrtha i ei fod e'n teimlo yr un fath amdana i. Doedd e ddim yn gallu. Doedd dyn o'i statws a'i safon e ddim yn gallu cael affêr. Fe fyddai'n sgandal. Fe fyddai'r stori ym mhob papur yn y wlad. Fe fyddai'n ddigon amdano fe.

A heddiw mae e'n gadael.

Mae ei swydd e'n dod i ben ac mae e'n symud i fyw i ochr arall y ddinas. Dw i ddim yn gwybod beth i'w wneud. Dw i'n sâl wrth feddwl y bydda i'n dod i fy ngwaith fory ac y bydd yna rywun arall yn ei le.

Dw i ddim yn medru cysgu. Dw i ddim yn medru bwyta. Gofynnais i i'w wraig: "Fyddech chi'n hoffi menyw lanhau newydd?" Ond meddai hi: "Mae gynnon ni rywun arall i lanhau." A dyna ble mae hi a fe'n ffarwelio gyda'r staff nawr. Mae pawb yn sefyll mewn llinell wrth ymyl y drws. Mae e'n diolch, yn rhannu jôc ac yn ysgwyd llaw pob un wrth fynd heibio. Mae rhai yn chwerthin, ambell un yn sychu ei lygaid. Yna mae e'n troi ac yn dal fy llygaid i. Dw i'n gwybod yn yr eiliad honno nad ydy e eisiau mynd. Mae e eisiau aros yma gyda fi. Ond does ganddo fe ddim dewis. Rhaid iddo fe adael. Mae'n rhaid iddo fe.

Mae ei blant e'n rhedeg i lawr y staer, mae ei wraig e'n gafael yn ei law. Ac, yna, mae'r drws ffrynt mawr yn agor.

Mae e'n camu trwy'r drws du. Mae'r camerâu tu allan yn ei ddallu. Ac mae'r newyddiadurwyr yn gweiddi:

"Tony, how does it feel to be leaving Number Ten?"

Gwenno Hughes

Geiriau

ffarwelio – *to say goodbye*
yn fwriadol – *on purpose*
sefyllfa – *situation*
glanhau – *to clean*
pefrio – *to sparkle*
direidus – *mischievous*
anweledig – *invisible*
statws – *status*
ysgwyd – *to shake*
dallu – *to blind*
newyddiadurwr, newyddiadurwyr – *journalist,s*

Newid gêr

Mae hi'n braf iawn bod allan ar y beic heddiw. A dw i'n hapus iawn efo'r beic newydd; mae'r gêrs yn llifo, y brêcs yn gweithio'n wych. Roedd o'n werth pob ceiniog.

Roeddwn i angen dod allan i glirio fy mhen. Mae'r gwynt yn fy wyneb yn help mawr, ac mae chwysu i fyny'r elltydd yn fy nghadw i rhag meddwl gormod. Mae hon yn allt serth iawn, dw i'n chwysu fel mochyn!

Aaa… o'r diwedd. Mae'r llwybr yn wastad eto. Newid gêr – llyfn iawn, iawn. Dw i wrth fy modd, yn pasio caeau llawn defaid, coed llawn adar. Roeddwn i angen hyn.

Doeddwn i ddim eisiau rhoi'r sac i Dafydd. Ond doedd gen i ddim dewis. Mae'r busnes yn bwysicach na chyfaill, a doedd y busnes ddim yn medru fforddio ei gadw fo. Ac roedd y camgymeriad wnaeth o wedi costio'n ddrud i ni. Doedd gen i ddim dewis! Roeddwn i'n teimlo'n gas, yn teimlo'n uffernol. Roedden ni wedi bod yn ffrindiau ers blynyddoedd. Fo a fi ddechreuodd y busnes, ond gan mai gen i oedd yr arian, fi oedd y bòs. Roedd o'n hapus efo hynny; doedd o ddim eisiau'r straen o redeg busnes.

Roedden ni'n gweithio'n dda efo'n gilydd yn yr ysgol hefyd: fi oedd capten y tîm pêl-droed, fo oedd yn y gôl. Mae bod yn y gôl yn straen, ond dydy o ddim yn gymaint o straen â bod yn gapten. Fi oedd yn gorfod gwneud y penderfyniadau anodd. Doedd o ddim yn hapus pan wnes i roi bachgen arall yn y gôl ar gyfer ein gêm bwysicaf, ond roedd o'n derbyn mai'r tîm oedd yn bwysig, ac mai ennill ydy'r peth pwysicaf. A fi oedd yn iawn – enillon ni 2–0.

Dw i'n dal i deimlo'n gas am beth ddigwyddodd efo Gwenno. Ei gariad o oedd hi, ond roedd hi'n fy hoffi i ac roeddwn i'n ei hoffi hi. Roedd hi wedi gorffen efo fo bythefnos cyn i ni ddweud wrtho fo ein bod ni'n gweld ein gilydd. Efallai y dylen ni fod wedi aros tipyn bach mwy o amser – mis efallai – ond roedd o'n dda iawn am y peth. Yna, pan wnes i ofyn iddi hi fy mhriodi i roedd o'n hapus i fod yn was priodas i mi. Roedd ei araith o dipyn bach yn fyr, a doedd hi ddim yn ddoniol iawn, ond roedd Dafydd bob amser wedi bod yn swil. A phan briododd o Awen, fe wnes i araith wych fel ei was priodas o. Doedd Awen ddim yn gwenu pan wnes i ambell jôc amdano fo, ond dydy Awen ddim yn ferch sy'n gwenu llawer. Colli ei thymer yn hawdd – gwallt coch…

Dw i'n mynd i lawr allt serth rŵan – hyfryd! Dw i'n mynd fel y gwynt!

Pan ffoniodd Awen i ddweud beth oedd wedi digwydd, roeddwn i'n teimlo'n ofnadwy. Dafydd? Wedi lladd ei hun? Amhosib. Ond roedd o wedi crogi ei hun yn y sied. Awen oedd wedi dod o hyd iddo fo. Mae'r angladd yfory. Gobeithio y bydd hi wedi tawelu erbyn hynny. Roedd hi'n gas iawn ar y ffôn, yn rhoi'r bai i gyd arna i. Ond doedd gen i ddim dewis!

Mae sŵn car y tu ôl i mi, gwell i mi gadw i'r ochr – mae lle iddo fo basio. Ond mae o'n dod yn gyflym – yn llawer rhy gyflym! AAAAAAW!

Dw i'n brifo… dw i'n gwaedu… fel mochyn… ble aeth y car? Welais i wallt coch? Dw i'n gweld dim… teimlo dim… mae pob dim yn mynd yn niwlog… yn dywyll. Roedd ganddi hi wallt coch. Ac roedd hi'n gwenu.

Bethan Gwanas

Geiriau

llifo – *to flow*
gwych – *brilliant*
gwerth – *worth*
allt, elltydd – *slope,s, hill,s*
serth – *steep*
gwastad – *flat*
llyfn – *smooth*
dewis – *choice*
cyfaill – *friend*
fforddio – *to afford*
camgymeriad – *mistake*
teimlo'n gas – *to feel bad*
straen – *stress*
penderfyniad,au – *decision,s*
gwas priodas – *best man*
araith – *speech*
gwenu – *to smile*
tymer – *temper*
crogi – *to hang*
dod o hyd i – *to find*
angladd – *funeral*
gwaedu – *to bleed*

Cymru – gwlad cystadlu?

Eisteddfod yr Urdd… Yr Eisteddfod Genedlaethol… Y Sioe Fawr a sioeau bach… 'Dyn ni'r Cymry'n hoffi cystadlu. Ond ydy hynny'n beth da? Dyma farn Gwenfair Michael.

'Dych chi'n berson cystadleuol?

Dw i'n eitha cystadleuol. Dw i eisiau gwneud pethau'n iawn bob amser.

Oeddech chi'n cystadlu yn Eisteddfod yr Urdd pan oeddech chi'n blentyn?

Oeddwn. Roeddwn i wastad yn gobeithio ennill – ond doeddwn i ddim yn ennill bob amser! Roeddwn i'n adrodd ar fy mhen fy hun ac mewn partïon. Enillais i wobr gynta am siarad cyhoeddus pan oeddwn i'n 17 oed. Roeddwn i'n falch iawn achos fi oedd wedi ysgrifennu'r darn hefyd.

Fferm Ffactor
Llun: S4C

The Apprentice

O _Fferm Ffactor_ ar S4C i _The Apprentice_ ar y BBC, mae llawer o gystadlu ar raglenni teledu hefyd...

Dw i ddim yn gwylio'r rhaglenni yma achos dw i'n gweithio oriau rhyfedd, ond pam maen nhw'n boblogaidd? Achos maen nhw'n dangos y natur ddynol. Maen nhw'n dangos pobl ar eu gorau ac ar eu gwaethaf.

Ydy'r Cymry'n gystadleuol iawn?

Mae e'n rhan o'n diwylliant ni. Mae'r Eisteddfod yn gystadleuaeth iach. Mae'n gyfle i ymarfer a magu doniau. 'Dych chi'n cael cyfleoedd fyddech chi ddim yn eu cael fel arall.

Beth mae hynny'n ei ddweud amdanom ni?

Mae bywyd yn gystadleuaeth. 'Dych chi'n cystadlu am le mewn prifysgol, 'dych chi'n cystadlu am swydd... 'Dyn ni'n hoffi gweld sut mae pobl eraill yn ymateb — fyddan nhw'n cadw at y rheolau?

Geiriau

cystadlu — _to compete_
barn — _opinion_
cystadleuol — _competitive_
adrodd — _to recite_
gwobr — _prize_
siarad cyhoeddus — _public speaking_
darn — _piece (for recitation)_
rhyfedd — _strange_
y natur ddynol — _human nature_
gwaethaf — _worst_
diwylliant — _culture_
iach — _healthy_
dawn, doniau — _talent,s_
cyfle,oedd — _opportunity, opportunities_
ymateb — _to respond, to react_
rheol,au — _rule,s_

Yr afanc anferth

Mae gan yr Alban chwedl am anghenfil yn Loch Ness. Ond mae gan Gymru ei 'Nessy' ei hun. Roedd llifogydd mawr ar hyd dyffryn Conwy ar un adeg. Roedd anifeiliaid yn boddi a chnydau'n cael eu dinistrio. Nid y tywydd oedd y broblem, ond afanc anferth oedd yn byw yn Llyn yr Afanc.

Mae Llyn yr Afanc lle mae Afon Lledr ac Afon Conwy yn dod at ei gilydd ger Betws-y-coed.

Roedd y bobl leol wedi trio lladd yr afanc, ond doedd dim byd yn gweithio. Felly, penderfynon nhw geisio cael yr anghenfil o'r dŵr a'i symud i lyn pell i ffwrdd.

Gwnaeth gof lleol gadwyni cryf. Daeth Hu Gadarn a'i ddau ych – y cryfaf yng Nghymru – i lusgo'r afanc i'w gartref newydd yn Llyn Ffynnon Las.

Ond roedd problem. Sut oedd cael yr afanc o'r llyn?

Wel, roedd yr afanc yn hoffi merched hardd. Felly, un diwrnod daeth Elen, merch i ffermwr lleol, at y llyn. Roedd gan Elen lais canu hyfryd a galwodd ar yr afanc. Daeth yr anghenfil ffyrnig allan o'r dŵr ond, pan glywodd Elen yn canu, syrthiodd i gysgu!

Cafodd yr afanc ei ddal ac yna dechreuon nhw ei lusgo fo o'r llyn. Roedd yn waith mawr llusgo'r afanc i fyny'r dyffryn ond gweithiodd y dynion a'r ychen yn galed. Ar y ffordd, tynnodd un ych mor galed collodd o ei lygad. Mewn poen, criodd ddagrau mawr. Dyna lle mae Pwll Llygad yr Ych heddiw.

O'r diwedd, daeth y dynion at Lyn Ffynnon Las, ger copa'r Wyddfa. Tynnon nhw'r cadwyni oddi ar yr afanc a neidiodd o i'r dŵr.

Heddiw, mae'n bosib gweld swigod yn codi yn Llyn Ffynnon Las weithiau – yr afanc yn anadlu, medden nhw.

Hanes neu chwedl?

Wel, mae Bwlch Rhiw'r Ychen a Phwll Llygad yr Ych yn bod. Beth ddaeth gynta – yr enwau neu'r stori?

Geiriau

afanc – *lake monster, also the term for beaver*
anferth – *huge*
chwedl – *tale, legend*
anghenfil – *monster*
llifogydd – *floods*
boddi – *to drown*
cnwd, cnydau – *crop,s*
dinistrio – *to destroy*
gof – *blacksmith*
cadwyn,i – *chain,s*
ych,en – *ox,en*
llusgo – *to drag*
ffyrnig – *ferocious*
copa – *summit*
swigen, swigod – *bubble,s*
anadlu – *to breathe*
bod – *to exist*

Cot o baent

Ciciodd hi y drws ar gau tu ôl iddi. Roedd ei breichiau'n llawn o bethau a rhoddodd hi nhw ar wely'r ystafell sbâr: hen gynfas, dau frwsh paent a thâp i arbed fframiau'r ffenestri. Tynnodd hi handlen y tun paent oddi ar ei braich a rhoddodd y tun ar y llawr. Roedd marc ar ei garddwrn. Rhwbiodd hi ei braich nes i'r gwaed redeg eto.

Edrychodd hi o'i chwmpas. Roedd hi eisiau peintio. Ond roedd yr ystafell yn llawn annibendod – llyfrau, dillad, hen focsys gwag, sawl esgid heb ei chymar. Byddai'n rhaid ei chlirio cyn iddi hi allu meddwl am beintio.

Ond doedd hi ddim am roi'r gorau iddi mor hawdd â hynny. Byddai'n werth yr holl waith erbyn diwedd y dydd, a'r ystafell yn smart yn ei chot newydd o baent.

Dechreuodd hi blygu'r hen ddillad blêr a'u gosod yn barod i fynd i'r siop ail-law. Mae'n rhyfedd cymaint o rwtsh diangen sy'n casglu pan mae plant yn y tŷ, meddyliodd. Dechreuodd hel llyfrau at ei gilydd. Yna gwelodd yr albwm lluniau. Eisteddodd ar y gwely a'i agor.

Ond cafodd syndod mawr. Doedd hi ddim yn nabod neb yn y lluniau. Ceisiodd hi feddwl o ble yn y byd roedd e wedi dod. Gwenodd yr wynebau arni o bob tudalen. Oedden nhw'n disgwyl iddi eu nabod nhw? Cafodd awydd i chwerthin wrth feddwl amdanyn nhw. Dyna ble roedden nhw, yn gwenu'n wirion arni. Ond doedd dim syniad ganddyn nhw pwy oedd hi.

Gwelodd hi un ddynes a oedd yn edrych yn gyfarwydd. Ond doedd dim syniad ganddi pwy oedd hi chwaith. Buodd hi'n pendroni'n hir dros y llun. Ai un o famau ifanc yr ysgol oedd hi? Roedd Siôn newydd ddechrau yn yr ysgol a byddai hi a'r mamau eraill yn ffrindiau cyn hir. Rhyfedd pa mor hawdd yw gwneud ffrindiau drwy'r plant.

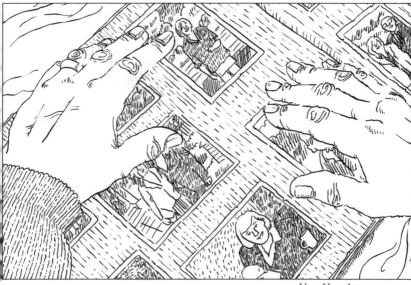

Sut oedd llun y ddynes wedi cyrraedd ei hystafell sbâr hi oedd y cwestiwn. Byddai'n mynd i nôl Siôn adref toc. Byddai'n rhaid iddi hi ofyn i'r ddynes y tu fas i'r ysgol. Roedd yr albwm yn dal ar agor ar ei glin pan glywodd hi rywun yn dod i mewn i'r tŷ.

Delwodd.

Yna, daeth dyn mewn oed i mewn i'r ystafell. Byddai hi wedi gweiddi mewn ofn, ond roedd y dyn yn edrych yn gyfeillgar. Roedd e bron yn hollol foel.

"Beth 'dych chi'n wneud?" meddai'r dyn dieithr wrthi hi. Pam mae e'n gofyn hynny? meddyliodd. Fy lle i yw gofyn cwestiynau.

"Peintio," meddai. "Meddwl peintio'r ystafell sbâr i Siôn gael ei ffrindiau ysgol i aros ambell waith."

Edrychodd y dyn arni'n hir. Dangosodd hi lun y ddynes gyfarwydd iddo fe i dorri ar y tawelwch.

"'Dych chi'n nabod hon? Mae mab gyda hi yn yr ysgol, dwi'n meddwl."

Gwenodd y dyn dieithr yn garedig.

"**Roedd** gyda hi fab yn yr ysgol," meddai wrthi, cyn eistedd gyda hi i edrych drwy'r lluniau. "Slawer dydd, ontefe Mam?"

Lleucu Roberts

Geiriau

cynfas – *bed cover*
handlen – *handle*
garddwrn – *wrist*
annibendod – *mess*
gwag – *empty*
cymar – *partner*
rhyfedd – *funny*
rwtsh – *rubbish*
diangen – *unwanted*
syndod – *surprise*
cyfarwydd – *familiar*
pendroni – *to be perplexed*
toc – *before long*
glin – *knee*
delwodd – *she froze like a statue*
ofn – *fright*
hollol – *completely*
moel – *bald*
dyn dieithr – *stranger*

Jemeima Nicholas

Jemeima Nicholas oedd arwres Cymru. Dyma sut twyllodd hi'r Ffrancod ac achub y Cymry...

Pwy ydy hi?
Arwres Cymru... Arwres Prydain.

Aha! Catherine Zeta-Jones. Mae hi wedi rhoi enw Cymraeg i'w mab hi. Dyna arwres!
Nage, nid Catherine. Arwres arall.

Carol Vorderman?
Nage! Jemeima Nicholas.

Ie, wrth gwrs. 'My, my, my Jemeima!...' Pwy ydy hi?
Merch bwysig – mi wnaeth hi dwyllo'r Ffrancod.

Yng Nghwpan y Byd?
Nage, yn 1797 – pan oedd Napoleon eisiau concro Prydain. Daeth milwyr Ffrainc i Brydain – i Sir Benfro – ond mi wnaeth Jemeima eu dychryn nhw i ffwrdd.

Felly roedd Jemeima yn debyg i Wellington?
Nac oedd, roedd Jemeima yn fawr ac yn gryf ac yn hoffi yfed cwrw.

Dyna sut wnaeth hi ddychryn y Ffrancod?
Nage. Roedd Jemeima a'i ffrindiau'n gwisgo gwisg Gymreig – siôl goch a het uchel, ddu.

Ieeeeeeee..........?
Roedd Jemeima a'r merched yn cerdded ar lan y môr ger Abergwaun. Gwelodd y Ffrancod nhw a meddwl, "Milwyr ydyn nhw!" Roedd Jemeima yn cario picfforch – ac roedd y

bicfforch yn edrych fel gwn. Roedd y Ffrancod wedi dychryn cymaint, dyma nhw'n ildio heb ymladd.

Hwrê am Jemeima! Roedd hi'n ferch a hanner!
Oedd, ym mhob ffordd. Roedd hi'n dal iawn – dros chwe throedfedd, medden nhw. Ond maen nhw'n dweud hefyd fod y Ffrancod wedi meddwi. Ond mae hynny'n sbwylio'r stori.

Nawr, mae carreg ar lan y môr ger Abergwaun i gofio'r hanes ac mae caffi o'r enw Caffi Jemeima yn y dref.

Geiriau

arwres – *heroine*
twyllo – *to deceive, to cheat*
Ffrancod – *the French*
achub – *to save*
Prydain – *Britain*
milwr, milwyr – *soldier,s*
dychryn – *to frighten*
yn debyg i – *similar to*
siôl – *shawl*
picfforch – *pitchfork*
gwn, gynnau – *gun,s*
ildio – *to give in, to yield*
ymladd – *to fight*
ym mhob ffordd – *in all respects*
troedfedd – *foot (measurement)*
sbwylio – *to spoil*
carreg – *stone*

Diwrnod o wanwyn

Llun: Huw Aaron

Bwytodd Dewi ei uwd boreol ac yna aeth i sefyll ar y patio ac edrych ar yr ardd. Am y tro cynta eleni teimlodd wres yr haul ar ei gefn. Roedd hi'n ddiwrnod da i ddechrau clirio annibendod y gaeaf; a nawr ei fod wedi ymddeol, byddai e'n hoffi tyfu llysiau eto.

Doedd e ddim wedi gwneud hynny ers oedd Mared yn fach. "Byddai'n well i ti glirio'r sied gynta wir!" meddai Llinos pan soniodd am y syniad. Ond roedd yn ddiwrnod rhy braf heddiw i glirio'r sied. Roedd yn siŵr y byddai Llinos wrth ei bodd pan fyddai'n dod adref o'i phenwythnos yng Nghaerdydd gyda'i ffrindiau a gweld yr ardd yn glir a thaclus.

Roedd blodau mis Mawrth a'r briallu yn trio'u gorau i greu tipyn o liw yng nghanol yr annibendod. Ar bwys y goeden afalau roedd riwbob bach tyner yn dechrau tyfu. Byddai Llinos yn gallu gwneud tarten riwbob pan fyddai Dyfed a Mared a'r wyrion bach yn dod i ginio Sul y Pasg.

Gobeithio nad oedd hi wedi mynd dros ben llestri yn siopa yng Nghaerdydd. Pan oedd e wedi ei hatgoffa hi eu bod nhw'n byw ar arian pensiwn nawr roedd hi wedi gwgu arno a dweud:

"Hy! Rwyt ti'n hala digon o arian ar dy hen lyfrau, ta beth!"

Roedd hi'n wir ei fod e'n hoff iawn o ddarllen. Llyfrau teithio oedd ei ffefrynnau. Roedd e'n gwybod mwy am bellafoedd byd na rhai pobl oedd yn teithio yno. Roedd ymweld â llefydd yn ei ddychymyg yn well na mynd yno go iawn. Wel, dyna roedd e'n ei ddweud wrtho'i hun, beth bynnag. Doedd Llinos ddim yn gallu gweithio, felly doedden nhw erioed wedi gallu fforddio mynd dramor.

Wythnos fach mewn carafán yn Aberaeron oedd eu gwyliau nhw pan oedd Mared yn blentyn.

Yn ddiweddar, ers iddi ddechrau mynd i'r dosbarth cyfrifiaduron, roedd Llinos wedi dechrau mynd am benwythnosau fan hyn a fan draw gyda'i ffrindiau newydd o'r dosbarth. Ond roedd e'n berffaith fodlon gartref gyda'i lyfrau. Roedd e'n edrych ymlaen at baratoi pryd o fwyd bach blasus iddi hi pan fyddai hi'n cyrraedd adref tua chwech o'r gloch.

Erbyn hyn roedd e wedi llenwi tri thwba mawr melyn â hen ddail a brigau a chwyn. Roedd yr haul yn isel yn yr awyr. Gwell mynd â'r rhain i'r lle ailgylchu cyn dechrau paratoi swper.

Yno, gwelodd Alun Ifans yn gwagio sbwriel o gefn y car.

"Wyt ti wedi bod yn brysur, Alun?" gofynnodd.

"O, sut wyt ti, Dewi bach?" atebodd Alun cyn gyrru i ffwrdd yn gyflym. Pam oedd Alun wedi edrych arno'n llawn cydymdeimlad? Oedd e'n edrych yn hen ers iddo fe ymddeol?

Roedd e'n teimlo'n well ar ôl cael cawod a newid. Roedd arogl hyfryd *coq au vin* yn llenwi'r tŷ, ond roedd Llinos yn hwyr. Troiodd y cyfrifiadur ymlaen. Roedd Mared yn arfer anfon e-bost atyn nhw bob nos Sul. Roedd dwy neges newydd, un oddi wrth Mared ac un oddi wrth Llinos!

'Wedi mynd i fyw yn Sbaen gyda Nigel. Pob hwyl i ti ym myd dy ddychymyg! Llinos.'

Margarette Hughes

Geiriau
briallen, briallu – *primrose,s*
tyner – *tender*
ŵyr, wyrion – *grandchild,ren*
atgoffa – *to remind*
gwgu – *to scowl*
hala (de)/ gwario (gog) – *to spend*
ffefryn,nau – *favourite,s*
pellafoedd – *the far ends*
dychymyg – *imagination*
fan hyn a fan draw – *here and there*
twba – *tub*
brigyn, brigau – *twig,s*
chwyn – *weeds*
ailgylchu – *recycling*
cydymdeimlad – *sympathy*
arogl – *smell*

Cerdded dros Dewi

Roedd Gwenno Dafydd yn cerdded yng Ngorymdaith Dewi Sant yng Nghaerdydd – gorymdaith fawr i gofio am nawddsant Cymru. Meddyliodd hi, "Mae angen cân newydd i bawb ei chanu ar Ddydd Gŵyl Dewi." Aeth hi adre ac ysgrifennodd hi 'Cenwch y Clychau i Dewi'.

Heulwen Thomas sy wedi ysgrifennu'r dôn. Mae plant ysgol trwy Gymru yn canu'r gân ar Fawrth y 1af. Dechreuodd gorymdaith Dewi Sant yn 2005 ac mae hi'n mynd yn fwy ac yn fwy bob blwyddyn.

Mae 'Dewi Sant' yn arwain yr orymdaith mewn gwisg draddodiadol. Yn ei ddilyn e mae gosgordd o faneri Dewi (croes aur ar frethyn du), baneri tywysogion Cymru a baneri'r Ddraig Goch. Mae yna gerddorion a dawnswyr mewn gwisgoedd traddodiadol Cymreig.

"Mae llawer o ysgolion yn cymryd rhan bob blwyddyn," meddai Marc Evans sy'n trefnu'r orymdaith. "Mae croeso i wylwyr fwynhau'r hwyl trwy wisgo'n addas – crysau rygbi, siolau mam-gu neu wisgo fel dreigiau."

Geiriau

gorymdaith – *parade*
nawddsant – *patron saint*
arwain – *to lead*
traddodiadol – *traditional*
gosgordd – *retinue*
baner,i – *flag,s*
croes – *a cross*
brethyn – *cloth*
tywysog,ion – *prince,s*
cerddor,ion – *musician,s*
gwyliwr, gwylwyr – *spectator,s*
addas – *suitable*

Cenwch y clychau i Dewi

Mae Gwenno Dafydd wedi ysgrifennu cân ar gyfer diwrnod Dydd Gŵyl Dewi. Dyma bennill cyntaf a chytgan y gân:

Dewr a doeth ydoedd Dewi
Ei ddwylo yn iacháu
Gwnaeth ef y pethau bychain
Daioni roedd e'n hau.
(Felly) Dathlwch y dydd i 'Dewi'
Arwr y Cymry i gyd
Heidiwch i'r cwch fel gwenyn
Ble bynnag yn y byd.

Cytgan

Cenwch y clychau i 'Dewi'
Cenwch nhw mewn coffâd
Cenwch y clychau yn uwch ac yn uwch
Cenwch nhw ar hyd y wlad.

© Gwenno Dafydd

Ewch i www.stdavidsday.org i glywed plant Ysgol Gymraeg Treganna, Caerdydd yn canu'r gân hon.

Geiriau
cytgan – *refrain*
dewr a doeth – *brave and wise*
iacháu – *to heal*
y pethau bychain – *the little things*
daioni – *goodness*
hau – *to sow*
arwr – *hero*
heidiwch i'r cwch fel gwenyn – *swarm to the hive like bees*
coffâd – *remembrance*
uwch – *higher*

Y dyn olaf

Thomas Heslop oedd y dyn olaf i gael ei ladd mewn gornest yng Nghymru.

Roedd Heslop wedi dod i saethu petris ar fferm cyfreithiwr o'r enw John Beynon, ger Castellnewydd Emlyn. Ar ôl diwrnod o saethu, aeth pawb yn ôl i dafarn y Salutation yn Adpar ger Castellnewydd Emlyn. Dechreuodd Beynon ddweud pethau cas am y ferch tu ôl i'r bar. Roedd Heslop yn grac. Dechreuodd y ddau ffraeo a heriodd Heslop Beynon i ornest.

Ddau ddiwrnod wedyn... daeth y ddau ddyn, gydag eilyddion a doctor, i gae tua hanner milltir i ffwrdd. Safon nhw gefn wrth gefn. Yna, roedden nhw i fod i gerdded deg cam cyn troi i saethu. Ond troiodd Beynon ar ôl pum cam a saethu Heslop yn ei gefn. Buodd farw.

Aeth Beynon o flaen y llys yn Aberteifi. Dim ond dirwy gafodd e. Dynladdiad oedd y digwyddiad, meddai'r llys, nid llofruddiaeth. Cyfreithiwr oedd Beynon – tybed oedd hynny wedi helpu?

Mae'r bwled plwm ar gael o hyd. Cafodd o ei ffeindio yn Lloegr – yn nwylo teulu'r doctor o Aberystwyth a wnaeth y post mortem ar Heslop.

Ond mae un dirgelwch mawr ar ôl. Yn ôl yr hanesydd Ken Jones, mae'r bwled yn dangos bod Heslop heb gael ei saethu yn ei gefn!

Mae'n bosib gweld bedd Heslop ym mynwent Eglwys Llandyfrïog. Ar y bedd, mae'r geiriau 'Alas poor Heslop'.

Geiriau

gornest – *duel*
saethu – *to shoot*
petris – *partridges*
cyfreithiwr – *lawyer*
crac (de)/ blin (gog) – *angry*
ffraeo – *to argue*
herio – *to challenge*
eilydd,ion – *supporter,s*
milltir – *mile*
gefn wrth gefn – *back-to-back*
i fod i – *supposed to*
deg cam – *ten steps*
dirwy – *fine*
dynladdiad – *manslaughter*
llofruddiaeth – *murder*
plwm – *lead*
dirgelwch – *mystery*
bedd – *grave*
mynwent – *graveyard*

Am y corau

Mae corau'n rhan amlwg o fywyd diwylliannol Cymru. Mae corau mawr a chorau bach yn rhoi cyfle da i chi gymdeithasu. Mae corau meibion, corau merched a chorau cymysg yn boblogaidd mewn gwahanol rannau o Gymru. Corau meibion yw'r mwya niferus. Mae rhai corau wedi eu sefydlu yn arbennig i bobl ifanc hefyd.

Mae corau'n rhoi cyfle da i chi ddysgu canu yn y Gymraeg. Maen nhw hefyd yn rhoi cyfle gwych i chi ddod i nabod siaradwyr Cymraeg. Mae'r rhan fwya o'r corau yn cynnal cyngherddau, yn mynd am dripiau, yn cystadlu mewn eisteddfodau ac weithiau'n mynd ar daith i wledydd tramor.

Pwy ydy côr gorau Cymru… ac ynysoedd Prydain? Only Men Aloud efallai. Côr dynion o Gaerdydd ydyn nhw a dechreuodd Tim Rhys-Evans y côr yn y flwyddyn 2000. Enillon nhw'r gystadleuaeth *Last Choir Standing* ar BBC 1. Maen nhw'n canu caneuon 'ffres a ffynci'. "Roedd ennill y gystadleuaeth yn deimlad anhygoel!" meddai Wyn Davies sy'n canu tenor yn y côr.

Tim Rhys-Evans ac Only Boys Aloud

Ers hynny maen nhw wedi lansio CD, mynd ar daith trwy Brydain ac ysgrifennu llyfr Cymraeg am eu hanes nhw. Tim Rhys-Evans ydy arweinydd Only Boys Aloud ac Only Kids Aloud hefyd. Daeth Only Boys Aloud yn drydydd ar *Britain's Got Talent* ar ITV yn 2012.

"Roedd yn gyfle i ddangos i ynysoedd Prydain a'r byd beth sy'n arbennig am ein traddodiad ni," meddai Tim Rhys-Evans.

Côr o Gymru oedd yn ail yn *Last Choir Standing* hefyd. Mae Côr Glanaethwy yn dod o ogledd Cymru a Cefin Roberts ydy eu harweinydd nhw. Mae Ysgol Glanaethwy yn ysgol berfformio i blant a phobl ifanc. Mae tri chôr gan yr ysgol – iau, hŷn a Da Capo. Maen nhw wedi ennill llawer o wobrau gan gynnwys y wobr gynta yn Eisteddfod yr Urdd, y Genedlaethol ac Eisteddfod Llangollen.

Mae aelodau corau yn mwynhau canu a chystadlu... ac ennill, weithiau. Ond maen nhw'n mwynhau pethau eraill hefyd – cymdeithasu a chael cwmni siaradwyr Cymraeg eraill.

Geiriau

amlwg – *prominent*
diwylliannol – *cultural*
gwahanol – *different*
niferus – *numerous*
sefydlu – *to establish*
cyngerdd, cyngherddau – *concert,s*
tramor – *foreign*
cystadleuaeth – *competition*
anhygoel – *amazing*
arweinydd – *conductor*
aelod,au – *member,s*

Arwain y côr

Tim Rhys-Evans ydy arweinydd côr Only Men Aloud ac Only Boys Aloud. Mae e wedi dysgu Cymraeg.

O ble 'dych chi'n dod yn wreiddiol?
Dw i'n dod o dre Tredegar Newydd, yng Nghwm Rhymni.

Ble 'dych chi'n byw nawr?
Ym Mharc y Rhath yng Nghaerdydd.

Beth ydy'ch diddordebau chi?
Cael amser gyda ffrindiau a'r teulu. Mae bwyd a gwin yn bwysig hefyd. Dw i'n trio mynd i'r gampfa dair gwaith yr wythnos a dw i'n hoffi nofio, cerdded a mynd i'r sinema. Pan dw i'n cael amser rhydd, dw i'n hoffi aros yn y tŷ a gwneud dim byd!

Pwy sy yn eich teulu chi?
Dw i'n byw gyda fy mhartner i, Alun Jenkins. Hefyd, mae un brawd gyda fi o'r enw Hywel ac mae e'n gweithio i Opera Cenedlaethol Cymru. Yn anffodus, buodd fy nhad i farw flynyddoedd yn ôl.

Roeddech chi'n unawdydd proffesiynol...
Dechreuais i fy ngyrfa fel unawdydd operatig. Dw i ddim wedi hyfforddi i fod yn arweinydd. Mae'n well gen i weithio gyda chantorion eraill na chanu ar fy mhen fy hun.

Ydy llwyddiant Only Men Aloud wedi'ch synnu chi?
Roeddwn i'n gwybod bod posibiliadau masnachol pan ddechreuais i'r côr ond doeddwn i ddim yn mentro breuddwydio y byddai popeth sy wedi digwydd **yn** digwydd!

Tim yn dysgu Cymraeg

"Doeddwn i ddim yn siarad Cymraeg fel plentyn. Roeddwn i'n mynd i ysgol Saesneg.

"Roeddwn i eisie dysgu Cymraeg. Ond cerddoriaeth oedd fy mhrif ffocws i a doedd dim llawer o amser.

"Pan oedd Eisteddfod yr Urdd yng Nghaerdydd yn 2005, gofynnodd Siân Eirian (pennaeth yr Eisteddfod) i fi, 'Wnei di arwain sioe *Les Misérables* yng Nghanolfan y Mileniwm? Mae un amod. Mae'n rhaid cael pob ymarfer yn Gymraeg.'

"Dywedais i, 'Ond Siân, dydy hynny ddim yn bosib.'

"Dywedodd hi, 'Dw i'n mynd i dy helpu di i ddysgu Cymraeg!'

"Trefnodd Siân i fi gael gwersi Cymraeg gyda John Albert Evans o Gaerdydd – mae e'n athro ffantastig!

"Doeddwn i ddim eisie dysgu pethau fel 'Dw i'n hoffi coffi!' Roeddwn i'n gofyn i John am eiriau i ymarfer y sioe.

"Ces i lot o help gan fy ffrindiau a fy mhartner, sy'n siarad Cymraeg yn rhugl. Dw i'n gerddor, felly mae fy nghlust i'n dda. Roedd pawb yn hapus 'mod i'n trio'n galed.

"Mae dysgu Cymraeg wedi agor lot o ddrysau i fi."

Deg cwestiwn Nia Parry

Mae Nia Parry yn diwtor Cymraeg ac yn gyflwynydd ar S4C.

O ble 'dach chi'n dod yn wreiddiol?
Ces i fy ngeni yn Ynys Môn, ond symudais i Landrillo yn Rhos, Bae Colwyn pan oeddwn i'n 5 oed.

Pwy sy yn eich teulu chi?
Mam a Dad a Dylan, fy mrawd, sy dair blynedd yn iau na fi, a rŵan fy ngŵr Aled… a fy mab i, Hedd Efan.

Pa swydd arall hoffech chi ei gwneud?
Dw i'n hapus iawn iawn yn fy swydd, ond dw i **yn** gweld eisiau dysgu. Roeddwn i'n hoffi'r gwaith o fod yn diwtor Cymraeg i Oedolion. Baswn i wir yn licio hyfforddi fel cwnselydd hefyd. Dw i wedi gwneud nifer o gyrsiau ac wedi astudio seicoleg – dyna fy niddordeb mawr arall.

Beth sy'n eich gwneud chi'n hapus?
Treulio amser efo fy nheulu a fy ffrindiau, fy ngwaith, teithio a gweld y byd, a phethau bach bywyd, y pethau syml fel panad o goffi a gwneud Sudoku yn fy ngwely ar fore Sul, mynd am dro yn y parc, gweld y môr, cael llythyr gan ffrind drwy'r post, cinio dydd Sul Mam… mae'n rhestr hir!

Beth ydy eich ofn mwya chi?
Gweld y bobl dw i'n eu caru yn mynd yn hen. A dw i wir ofn ystlumod ac unrhyw beth efo *fangs* – dim ffilmiau Dracula i fi!

Beth ydy eich trysor gorau chi (ar wahân i'r teulu)?
Pâr o fenyg lledr ar ôl Nain a desg bren ar ôl Taid.

Gwyliau gorau

Roedd Rhodri Owen yn cyflwyno rhaglenni gwyliau *Holiday* a *Wish You Were Here*. Ond beth ydy ei wyliau gorau e?

Ar Ben Ffordd: 'Dych chi'n hoffi gwyliau dramor neu wyliau yn y wlad hon?

Rhodri Owen: Y ddau. Dw i a Lucy (Cohen, gwraig Rhodri, sy'n darllen y newyddion) yn mwynhau mynd dramor yn y gaeaf a mynd i rywle yn y wlad hon yn yr haf.

Beth ydy'r pwynt mynd dramor yn yr haf pan mae'r tywydd mor braf fan hyn? Ond dydy'r tywydd ddim yn braf bob blwyddyn!

Y flwyddyn diwetha buon ni i'r Maldives. Roedden ni'n disgwyl rhywbeth 'waw'. Ac roedd e gant y cant yn well nag roedden ni'n ei ddisgwyl!

ABFf: Ble 'dych chi'n mynd yn y wlad hon?

RhO: I westai neis iawn fel Babington House yn Somerset. Mae'n hollol ffantastic! 'Dyn ni'n hoffi gwestai Rocco Forte hefyd achos priodon ni yng Ngwesty Dewi Sant yng Nghaerdydd.

ABFf: 'Dych chi wedi cael siom erioed?

RhO: Mae pethau bach yn bwysig. Dw i wedi gweithio ar dair rhaglen wyliau ac wedi cael fy sbwylio! Mae Lucy'n dweud "Ti'n hunlle!" achos dw i'n credu mewn dweud os nad ydw i'n hapus gyda rhywbeth. Does dim ots gen i dalu arian da os dw i'n cael gwerth fy arian!

ABFf: Pa un ydy'r gwyliau gorau 'dych chi wedi'i gael?

RhO: Ar y trên o Toronto i Vancouver. Roedd gen i gaban to gwydr gyda gwely dwbl ac *en suite*. Yna, buon ni'n sgio yn Whistler. Roedd e'n hollol ffantastic!

Cafodd Lucy a fi fis mêl yn Capri. Roedden ni'n dau yn y nefoedd. Doedden ni ddim eisiau dod yn ôl!

ABFf: Beth ydy eich cyngor chi i deithwyr?

RhO: Does dim shwt beth â bargen. Dw i'n credu mewn talu'n rhesymol. Mae angen i chi fod *on the ball* ac edrych ar ôl y ceiniogau neu bydd pobl yn dwyn eich punnoedd chi!

Geiriau

cyflwyno – *to present*
cant y cant – *one hundred percent*
hunllef – *nightmare*
cyngor – *advice*
dim shwt beth – *no such thing*
rhesymol – *reasonable*

Lluniau a lle

Mae Iwan Bala yn artist Cymraeg enwog sy'n peintio lluniau trawiadol iawn. Ond dydy ei hoff le e ddim yng Nghymru.

"Fy hoff le i ydy Bilbao yng Ngwlad y Basg. Does dim byd yno i'ch siomi chi. Mae'r bwyd yn anhygoel, yn enwedig y *pintxos*, math o tapas Basgaidd. Ac mae oriel gelf y Guggenheim yn drawiadol.

"Dinas ychydig yn fwy na Chaerdydd ydy hi. Mae hi'n cuddio yng nghanol y mynyddoedd serth, yng nghwm afon Nervion. Mae rhan fodern i'r ddinas, ond dw i'n hoff o'r Casco Viejo – yr hen dref – ble mae strydoedd cul a sgwariau godidog i eistedd ynddyn nhw.

"Mae teimlad o hunaniaeth gref yno, ac mae'r lle'n byrlymu o fywyd pobl y ddinas. Dim ymwelwyr yw'r rhan fwya o bobl sy yn y bariau yn bwyta *pintxos* ac yn sgwrsio ar y strydoedd.

"Mae Bilbao wedi fy ysbrydoli i barchu fy niwylliant fy hun. Hefyd, mae hi wedi fy helpu i gymryd ysbrydoliaeth o fy niwylliant fy hun. Mae'n anodd iawn i artistiaid gael mwy o sylw y tu allan i Gymru. Ond mae mwy o gyfleoedd nag erioed, yn enwedig yn Biennale Fenis a thrwy breswyliadau i wledydd tramor. Y peth 'dyn ni ei angen fwya yw Oriel Genedlaethol i Gelf Gyfoes. Byddai'n rhoi hyder i artistiaid Cymru."

Geiriau

trawiadol – *striking*
siomi – *to disappoint*
Basgaidd – *Basque*
oriel gelf – *art gallery*
cul – *narrow*
godidog – *fabulous*
hunaniaeth gref – *strong identity*

Cymry ar y cynfas

Mae Cymru'n enwog am feirdd, ond beth am artistiaid?

Mae Iwan Bala yn artist enwog. Mae e'n byw yn yr Eglwys Newydd yng Nghaerdydd ac yn dod o'r Bala yn wreiddiol!
Mae e'n teithio llawer i ddangos ei waith; mae e'n mynd i Zimbabwe, Gwlad Pwyl, Croatia, America a'r Almaen.
Cafodd Augustus John a Gwen John, ei chwaer, eu geni yn Ninbych-y-pysgod. Roedd Syr Kyffin Williams yn dod o Ynys Môn. Gwnaeth Graham Sutherland lawer o waith yn Sir Benfro. Cymro oedd Richard Wilson hefyd ac mae llawer o artistiaid eraill sy ddim mor enwog fel Thomas Jones, Moses Griffith ac ati.
Ymhlith yr artistiaid gorau heddiw mae Aneurin Jones o Aberteifi, Shani Rhys James o Bowys – ac Iwan Bala wrth gwrs.

Geiriau
bardd, beirdd – *poet,s*
Gwlad Pwyl – *Poland*
Dinbych-y-pysgod – *Tenby*
ymhlith – *amongst*

Helen

Dysgodd Mairwen Thorne Gymraeg ar ôl marwolaeth ei nith, Helen – roedd Helen yn gallu siarad Cymraeg. Yma, mae hi'n sôn am y diwrnod buodd hi farw.

Un prynhawn Mercher ym mis Mai – roedd hi bron yn bump o'r gloch. Ro'n i'n clirio fy nesg yn ein swyddfa gartre a chanodd y ffôn. Dw i'n cofio, fel ddoe, y sgwrs fer a ges i gyda Mary. Roedd hi'n fyr ei gwynt, braidd, a'i llais hi'n dawel.

"*Oh hello, Mow! Helen's had an accident. They're taking her up to Intensive Care,*" meddai.

"*I'm coming now,*" atebais yn ddidaro.

"*Oh thanks, Mow.*" Ond yn syth ar ôl rhoi'r ffôn i lawr, fferrodd fy ngwaed. Gwaeddais ar Martin: "Mae Helen wedi cael damwain. Dw i'n mynd i Aber." Dechreuodd y ddaear o dan fy nhraed i droi. Ro'n i methu dod o hyd i fy nghot nac allweddi'r car.

"Dere," meddai Martin o'r tu ôl i mi. "Fe wna i yrru."

★   ★   ★

O'r diwedd, dyma ni'n cerdded tuag at yr Adran Gofal Dwys yn Ysbyty Bronglais. Roedd fy nghalon i'n curo fel gordd. Ces i sioc o weld Mary a John, ei chyn-ŵr hi, yn dod drwy'r drws. Doeddwn i ddim wedi gweld John ers iddo adael Mary a Helen ddwy flynedd yn ôl. Doedd yr hen hanes trist ddim ar flaen fy meddwl nawr.

"Beth sy'n digwydd?" gofynnais i Mary, mor dawel ag y gallwn i.

"Mae'r meddyg ymgynghorol gyda hi. *I don't think she's going to make it, Mow.*" Chwiliais i am nerth y chwaer hŷn a rhois fy mraich o'i chwmpas hi: "Paid â siarad lol," meddwn i. "Bydd hi'n iawn, siŵr. Awn ni am goffi sydyn, ife?"

★ ★ ★

Ces i'r stori gan Mary wrth aros yn dawel yn yr ystafell ymwelwyr. Roedd hi mor llonydd, mor realistig. Doedd dim gobeithion ffals, dim ofn yn ei threchu hi. Gofynnodd yn blaen i'r meddyg ifanc yn y ward damweiniau: "Ydy bywyd Helen yn y fantol?"

Fel mae'n digwydd, atebodd e: "Nac ydy."

Roedd Mary'n canolbwyntio ar Helen gyda'i holl enaid. Roedd e fel tasai hi'n rhannu pob eiliad a phob anadl gyda hi.

Mae un llun yn fy meddwl i o hyd, ac mae e'n torri fy nghalon i. Dyma fe: Funudau ar ôl y ddamwain ar waelod eu stryd nhw... Galla i weld Mary'n eistedd yng nghanol y brif ffordd drwy Bow Street yn dal llaw Helen; galla i weld Mary yn ei chysuro hi.

★ ★ ★

Yn ddiweddarach... dw i ddim yn cofio yr un gair a ddywedodd y meddyg am gyflwr Helen. Ond dw i'n ein cofio ni yn cerdded yn fud i'r Adran Gofal Dwys – Mary yn ein harwain... sŵn y peiriannau... wynebau caredig y nyrsys a gweld Helen am y tro cynta. Gwelais i blentyn, a'i weiren ddannedd gyfarwydd hi – plentyn a oedd yn gyflym yn troi'n fenyw ifanc, hardd. Doedd dim marc arni hi – dim ond clais bach uwchben ei hael.

Darn o *Y Daith* gan Mairwen Thorne, Y Lolfa

Geiriau
yn fyr ei gwynt – *out of breath*
yn ddidaro – *unconcerned*
fferru – *to freeze*
Adran Gofal Dwys – *Intensive Care*
yn curo fel gordd – *beating like a drum*
meddyg ymgynghorol – *consultant*
nerth – *strength*
lol – *rubbish*

Nabod Mairwen

Cafodd Mairwen Thorne ei geni yn y Rhondda i deulu Cymraeg, ond cafodd hi ei magu i siarad Saesneg.

Dysgodd Gelf mewn ysgol ar gyrion Llundain, cyn mynd i Awstralia gyda'i gŵr, Martin. Cafodd eu dwy ferch nhw eu geni yn Awstralia ond daeth y teulu yn ôl i gefn gwlad Swydd Henffordd i fyw.

Dechreuodd hi ddysgu Cymraeg yn ganol oed ar ôl marwolaeth ei nith, Helen, oedd yn medru siarad yr iaith.

Dechreuodd ysgrifennu yn y flwyddyn 2000 – rhan o'i gwaith ar gyfer gradd allanol ym Mhrifysgol Aberystwyth.

Geiriau
ar gyrion – *on the outskirts*
canol oed – *middle age*
gradd allanol – *external degree*

Rygbi – gêm y Cymry

Rygbi ydy gêm genedlaethol y Cymry, meddai llawer. Ond cafodd y gêm ei chreu yn Lloegr yn 1823 gan fachgen o'r enw William Webb Ellis. Roedd yn chwarae pêl-droed yn Ysgol Rugby un diwrnod pan gafodd syniad. Cododd y bêl a dechrau rhedeg gyda hi. Dyna sut cafodd y gêm newydd ei chreu, yn ôl y stori. Mae William yn enwog hyd heddiw ac enw Cwpan Rygbi'r Byd ydy Cwpan Webb Ellis.

Daeth rygbi yn gêm boblogaidd yn gyflym – dros y byd. Rhwng 1870 ac 1920 cafodd undebau rygbi eu sefydlu yn Lloegr, Cymru, yr Alban, Iwerddon, Awstralia, De Affrica, Seland Newydd, Zimbabwe, yr Ariannin, Ffiji a Ffrainc.

Erbyn diwedd yr 1870au, roedd timoedd wedi dechrau yn ne Cymru – yn Llanelli, Abertawe, Casnewydd a Chaerdydd. Roedd hi'n gêm boblogaidd i'r dosbarth canol a'r dosbarth gweithiol yn ystod y Chwyldro Diwydiannol.

Ond doedd pawb ddim yn hoffi rygbi. 'Gêm y diafol,' meddai pobl y capeli. Roedd rhai o gapelwyr Cwm Tawe yn llifio pyst i lawr achos roedd rygbi'n cael ei chwarae ar y penwythnosau, yn arbennig ar ddydd Sul.

Roedd cefnogwyr yn yfed cwrw, weithiau. Mae hanes am ymladd rhwng chwaraewyr a chefnogwyr. Roedd bragwyr cwrw yn noddi clybiau, weithiau.

Cafodd Undeb Rygbi Cymru ei sefydlu yn 1881. Gêm gynta Cymru oedd yn erbyn Lloegr, yr hen elyn. Enillodd Lloegr yn hawdd. Ond yn 1893 enillodd Cymru y Goron Driphlyg am y tro cynta trwy guro Lloegr, yr Alban ac Iwerddon.

Roedd Oes Aur rygbi Cymru yn y 1970au. Pam? Roedd y tîm cenedlaethol yn chwarae'n wych ac yn curo timoedd fel Lloegr ac Awstralia yn gyson. Enillon nhw dair Camp Lawn... 6 Choron Driphlyg... a'r Bencampwriaeth naw gwaith. Roedd rhai o arwyr mwyaf rygbi Cymru'n chwarae – Gareth Edwards, Barry John, Phil Bennett, JPR Williams a Ray Gravell.

Yn 2003 cafodd timoedd rhanbarthau rygbi Cymru eu creu. Roedd pump tîm yn wreiddiol ond pedwar sydd ar ôl sef Scarlets Llanelli, Gweilch Tawe-Nedd, Gleision Caerdydd a Dreigiau Gwent. Un o uchafbwyntiau'r calendr rygbi ydy Pencampwriaeth y Chwe Gwlad pan mae Cymru'n chwarae Lloegr, Iwerddon, yr Alban, Ffrainc a'r Eidal. Agorodd Stadiwm y Mileniwm, Caerdydd, ym mis Mehefin 1999 ac mae lle yno i 74,500 o gefnogwyr. Mae canu'n bwysig iawn i gefnogwyr rygbi Cymru. Dyma hoff ganeuon y Cymry wrth wylio rygbi – 'Hen Wlad Fy Nhadau', 'Calon Lân', 'Cwm Rhondda' a 'Sosban Fach'.

Geiriau

creu – *to create*
undeb,au – *union,s*
dosbarth canol – *middle class*
dosbarth gweithiol – *working class*
y Chwyldro Diwydiannol – *the Industrial Revolution*
diafol – *devil*
llifio – *to saw*
cefnogwr, cefnogwyr – *supporter,s*
bragwr, bragwyr – *brewer,s*
noddi – *to sponsor*
gelyn – *enemy*
y Goron Driphlyg – *the Triple Crown*
Oes Aur – *Golden Age*
y Gamp Lawn – *the Grand Slam*
pencampwriaeth – *championship*
rhanbarth,au – *region,s*
uchafbwynt,iau – *highlight,s*

Holi Huw Llywelyn Davies

'Dych chi'n sylwebydd rygbi ar y BBC ac S4C. Pryd dechreuodd eich diddordeb chi mewn rygbi?
Mor bell yn ôl â dw i'n cofio! Roeddwn i'n mynd gyda 'nhad i weld y timoedd mawr yn chwarae. Pan oeddwn i'n 8 oed, gwelais i Gymru'n curo'r Crysau Duon yn 1953. Doedd dim troi'n ôl!

Oes gyda ni'r Cymry obsesiwn â rygbi?
'Dyn ni'n genedl fach. Rygbi yw un o'r ychydig feysydd lle 'dyn ni'n gallu cystadlu gyda goreuon y byd – a'u curo nhw o bryd i'w gilydd!

Pwy ydy eich arwyr rygbi chi?
Cwestiwn anodd! Dylwn i ddweud Gareth Edwards achos cawson ni ein magu yn yr un pentref sef Gwaun Cae Gurwen. Arwyr eraill ydy Gerald Davies a Shane Williams a'r tu allan i Gymru, David Campese o Awstralia a Serge Blanco o Ffrainc.

Pa mor bwysig yw sylwebaeth yn Gymraeg?
Pwysig iawn i Gymry Cymraeg ac i Gymry di-Gymraeg sy'n clywed yr iaith a'i derbyn fel rhan naturiol o fywyd.

Wyddoch chi?
Tad Huw Llywelyn Davies – sef Eic Davies – oedd y sylwebydd Cymraeg cynta ar y radio. Huw Llywelyn Davies oedd y sylwebydd Cymraeg cynta ar y teledu.

Geiriau

sylwebydd – *commentator*
y Crysau Duon – *the All Blacks*
cenedl – *nation*
un o'r ychydig feysydd – *one of the few fields*
goreuon y byd – *best in the world*
o bryd i'w gilydd – *from time to time*
Cymry di-Gymraeg – *Welsh people who do not speak Welsh*

47

Arbed arian

Mae'n amser gwael i'r economi. 'Dyn ni mewn cyfnod o ddirwasgiad. Mae pobl yn colli eu gwaith. A does dim golwg o bethau'n gwella yn fuan. Mae costau byw'n mynd yn uwch ac yn uwch. Mae'r biliau'n boenus o uchel... costau bwyd... tanwydd... morgeisi... a chyfraddau llog.

'Dyn ni'n gwario £217 biliwn y flwyddyn ar ein cartrefi yn ynysoedd Prydain. Mae hyn yn cynnwys costau ynni, deunyddiau glanhau a phrynu dodrefn newydd. Ond mae ffyrdd o leihau'r costau yma...

Ewch i weld ymgynghorwr morgeisi. Gofynnwch: alla i arbed arian ar fy morgais i? Mae'r ymgynghorwr yn rhoi cyngor yn rhad ac am ddim.

Gallwch chi arbed hyd at £150 ar eich bil ynni trwy insiwleiddio'r tŷ. Mae grantiau ar gael gan y llywodraeth i helpu. Ewch i www.energysavingtrust.org.uk neu ffoniwch 0800 512 012 am fwy o wybodaeth.

Trowch eich thermostat i lawr 1°C a gallwch chi arbed £30 y flwyddyn. Defnyddiwch fylbiau sy'n arbed ynni i leihau eich bil trydan a diffoddwch offer trydanol yn lle eu gadael nhw ar *standby*. Ydych chi'n mwynhau cawod neu fath? Mae cawod sydyn yn llawer rhatach na llenwi'r bath.

Does dim rhaid talu ffortiwn am y deunyddiau glanhau gorau, wrth gwrs. Mae mwy o ddewis o frandiau archfarchnad ar gael ac maen nhw'n boblogaidd iawn. Gallwch chi wneud eich hylifau glanhau eich hun hefyd e.e. mae soda pobi yn glanhau yn dda a gallwch chi ddefnyddio papur newydd a finegr i lanhau'r ffenestri.

Siopa synhwyrol

Peidiwch â gwastraffu bwyd. Gwnewch restr siopa ar gyfer yr wythnos a glynwch at y rhestr. Chwiliwch am gynigion arbennig e.e. ar frandiau newydd. Prynwch frandiau archfarchnad rhad am bethau fel pasta, reis a bwyd mewn tuniau. Dewiswch ffrwythau a llysiau sy ddim mewn plastig. Maen nhw'n rhatach ac yn fwy caredig i'r amgylchedd. Tyfwch eich llysiau a'ch ffrwythau eich hun. Does dim angen llawer o le i dyfu tomatos, tatws a pherlysiau mewn potiau.

Gwnewch eich siopa ar-lein. Mae llawer o fargeinion i'w cael wrth siopa am ddillad a sbectolau. Mae gwefan eBay hefyd yn lle da i ffeindio pob math o bethau yn rhad.

Gallwch chi gael bargen wrth brynu dillad yn ail-law o siop elusen. Gallwch chi ddod o hyd i esgidiau Jimmy Choo neu ffrog Julien Macdonald, efallai! Mae gan Oxfam siop *boutique* yng Nghaerdydd. Mae Cerys Matthews, Lucy Owen a Sarra Elgan wedi rhoi dillad i'r siop.

Gwneud nid gwario arian

'Dych chi wedi meddwl am ffyrdd eraill o wneud arian – ar ben eich gwaith bob dydd, efallai? Mae 38% o bobl ynysoedd Prydain yn defnyddio ffyrdd eraill o wneud arian. Beth allwch chi ei wneud?

Oes gyda chi bethau yn y tŷ 'dych chi ddim eisiau? Os ydyn nhw'n lân ac mewn cyflwr da ewch â nhw i sêl cist car. Oes pen busnes da gyda chi? Beth am wneud arian o'ch hobi chi? Gallwch chi gynnig gwasanaeth garddio, gwerthu crefftau, gwneud teisennau pen-blwydd neu fynd â chŵn am dro. Mae'n bosib ennill hyd at £4,000 y flwyddyn yn ddi-dreth drwy rentu eich stafell sbâr. Neu beth am fod yn seren ar y sgrin? Mae llawer o gwmnïau teledu yn chwilio am bobl i fod yn ecstras. Maen nhw'n chwilio am dai diddorol ac anifeiliaid anwes hefyd.

Geiriau

arbed – *to save*
dirwasgiad – *recession*
tanwydd – *fuel*
cyfraddau llog – *interest rates*
cynnwys – *to include*
ynni – *energy*
deunydd,iau – *material,s*
lleihau – *to reduce*
ymgynghorwr – *adviser*
llywodraeth – *government*
diffodd – *to switch off*
offer – *equipment*
hylif,au – *liquid,s*
soda pobi – *baking soda*
synhwyrol – *sensible*
gwastraffu – *to waste*
glynu at – *to stick to*
cynnig, cynigion – *offer,s*
amgylchedd – *environment*
perlysiau – *herbs*
elusen – *charity*

Sialens siopa

Cafodd Eurgain Haf o Bontypridd sialens... Prynwch ddillad parti gyda £30 yn unig. Ond lwyddodd hi?

Ar Ben Ffordd: Ble wyt ti'n siopa fel arfer?
Eurgain Haf: Caerdydd neu Bontypridd.

ABFf: Ble buest ti'n siopa y tro yma?
EH: Bues i'n chwilio am fargeinion ar y we yn gynta ar wefan eBay.

ABFf: Gest ti lwc?
EH: Do, ces i ffrog Karen Millen ddel iawn am £10.49. Bargen!

ABFf: Da iawn! Be nesa, 'te?
EH: Es i ar wefan www.swishing.co.uk. 'Dych chi'n cyfnewid dillad am gredydau. Ces i fag o French Connection a belt Louis Vuitton yn rhad ac am ddim!

ABFf: Anhygoel! Faint o arian oedd gen ti ar ôl wedyn, 'te?
EH: £20! Felly, es i i chwilio yn y siopau elusen nesa achos dw i'n ffan mawr ohonyn nhw. Ces i gardigan o Next yn siop Tenovus am £2, cot aeaf Oasis o siop Barnardo's am £6 ac esgidiau o Faith yn siop Oxfam am £2.99.

ABFf: Faint oedd y bil i gyd?
EH: £21.48! Mae gen i ddigon ar ôl i brynu diod fach yn y parti!

Geiriau
sialens – *challenge*
gwefan – *website*
yn rhad ac am ddim – *free*

Llun: Eric Jones

"Ditectif ifanc iawn oeddwn i yn 1967, pan gafodd y bardd Huw Dwyfor ei lofruddio yn Eisteddfod y Bala... Faint ohonoch chi sy'n cofio'r hanes?"

Roedd y cyn-dditectif Ifan Rowlands yn siarad â Merched y Wawr Ffestiniog. Gwelodd o rai ohonyn nhw'n nodio'u pennau.

"Er fy mod i'n amau pwy oedd y llofrudd, doeddwn i ddim yn medru profi dim byd ar y pryd. Ond erbyn heddiw dw i'n gwybod yn iawn beth ddigwyddodd. Dyma'r hanes i chi.

"Efeilliaid oedd Huw Dwyfor a'i frawd, Robin, ac roedden nhw'n edrych yr un fath yn union. Fe gawson nhw eu magu ar fferm ger Pwllheli. Ond, erbyn 1967, roedd Robin wedi priodi ac yn byw yn Llangollen ac roedd Huw ei frawd yn dal i fyw gartref ar y fferm, efo'i fam weddw. Doedd hi ddim yn medru clywed na gweld yn dda o gwbl.

"Doedd Huw Dwyfor ddim yn hoffi gwaith fferm o

52

gwbl. Roedd o wedi cael cic gan geffyl pan oedd o'n ifanc, ac roedd o'n gloff ers hynny. Dyna pam roedd o'n talu cyflog da i Twm Puw, y gwas. Twm oedd yn gwneud y gwaith caled i gyd.

"Tipyn o *gentleman farmer* oedd Huw Dwyfor. Ac roedd o'n allblyg hefyd! Roedd o'n gwisgo dillad lliwgar bob amser, er mwyn tynnu sylw ato'i hun. Roedd o'n barddoni ac yn cystadlu yn yr Eisteddfod Genedlaethol bob blwyddyn, ac roedd o'n mynd â'i garafán efo fo i bob eisteddfod.

"Ond roedd Robin, ei frawd, yn wahanol. Roedd o'n berson tawelach na Huw a doedd gynno fo ddim diddordeb o gwbl mewn eisteddfodau. Chwarae golff roedd o'n hoffi.

"Yn Awst 1967, aeth Robin i dreulio'r penwythnos ym Mhwllheli er mwyn trafod dyfodol y fferm cyn i Huw gychwyn am yr Eisteddfod yn y Bala. Roedd cwmni adeiladu'n cynnig pris da iawn am y fferm er mwyn codi stad fawr o dai ar y tir. Roedd Robin yn awyddus i dderbyn y cynnig am fod angen yr arian arno fo. Ond doedd Huw Dwyfor, ei frawd, ddim eisiau gwerthu. Aeth hi'n ffrae fawr rhwng y ddau.

"Sut bynnag, am hanner awr wedi wyth fore Llun, fe gychwynnodd Robin yn ôl am Langollen ar ei fotobeic. Roedd o wedi trefnu gêm golff yno am un o'r gloch y p'nawn. Hanner awr yn ddiweddarach, am naw o'r gloch yn union, fe gyrhaeddodd Twm Puw, y gwas, ei waith. Roedd o wedi dod â Lisi, ei wraig, efo fo i ofalu am yr hen wraig tra oedd Huw Dwyfor yn yr Eisteddfod.

"Rhai garw am arian oedd Twm Puw a Lisi! A doedden nhw ddim yn onest iawn, chwaith! Sut bynnag, wrth i'r ddau gyrraedd y fferm y bore hwnnw, gwelon nhw Huw Dwyfor yn dringo i'w gar ac yn cychwyn efo'r garafán allan o'r buarth. Roedd o'n gwisgo crys oren efo tei bô melyn a throwsus glas…"

"Oooo!" meddai Merched y Wawr Ffestiniog i gyd efo'i gilydd, wrth feddwl am y ffasiwn olygfa. Chwarddodd y cyn-dditectif Ifan Rowlands, a mynd ymlaen efo'i stori...

"A dyna roedd o'n wisgo pan gerddodd o i mewn i'r Babell Lên yn yr Eisteddfod, ddwy awr yn ddiweddarach. Roedd o fel rhyw geiliog dandi yno, yn strytian o gwmpas y lle. Ond, yn rhyfedd iawn, arhosodd o ddim yn hir. Mi aeth o allan mewn ychydig funudau a mynd i gyfeiriad y toiledau ar y Maes. A dyna'r tro olaf i neb weld Huw Dwyfor yn fyw.

"Wythnos union wedyn, dim ond un garafán oedd ar ôl yn y maes carafanau – carafán Huw Dwyfor. Roedd pawb arall wedi mynd. Yn y diwedd, roedd yn rhaid malu'r clo ar ddrws y garafán. A dyna lle roedd corff Huw Dwyfor, ar y gwely, yn waed i gyd, a thwll mawr yn ei ben..."

"Oooo!" meddai'r merched i gyd eto, mewn dychryn y tro yma.

"Yn ôl y patholegydd, roedd o wedi marw ers wythnos. Felly, rhaid ei fod o wedi cael ei ladd yn fuan ar ôl iddo fo gyrraedd yr Eisteddfod. Ond doedd dim olion bysedd yn y garafán, ond am rai Huw Dwyfor ei hun.

"Dyma'r ddau gwestiwn roedd rhaid i mi gael atebion iddyn nhw:-

(i) Pwy gafodd gyfle i ladd Huw Dwyfor?

(ii) Pam? Beth oedd y rheswm dros ei ladd?

"Roedd pobl yn amau Robin, wrth gwrs, achos ei fod o wedi ffraeo efo'i frawd am werthu'r fferm. A rhaid cofio, hefyd, ei fod o wedi pasio'r maes carafanau yn y Bala y diwrnod hwnnw ar ei ffordd adre i Langollen.

"Ond, os oedd Robin eisiau lladd ei frawd, pam gwneud hynny yn yr Eisteddfod Genedlaethol, efo miloedd o bobl o gwmpas? A sut cafodd o amser, beth bynnag? Rhaid cofio bod Huw Dwyfor yn y Babell Lên am un ar ddeg o'r gloch!

Yna, mi aeth o i'r toiled ar y Maes. Roedd hi'n cymryd deg munud arall i gerdded o'r Maes yn ôl i'w garafán. Roedd tystion wedi gweld Robin yn Llangollen, ugain milltir i ffwrdd, am hanner awr wedi un ar ddeg! Felly, sut fasai o wedi medru lladd ei frawd?"

"Dw i'n gwybod!" meddai un o'r merched yn llawn cyffro…

Mae'r ateb ar dudalen 61.

Geraint V Jones

Geiriau

cyn–dditectif – *former detective*

amau – *to suspect*

llofrudd – *murderer*

profi – *to prove*

efeilliaid – *twins*

cloff – *lame*

cyflog – *wage*

gwas – *servant*

allblyg – *extrovert*

tynnu sylw ato'i hun – *to draw attention to himself*

barddoni – *to write poetry*

awyddus – *keen*

rhai garw am arian oedd… – *… had a keen eye for money*

buarth – *farmyard*

y ffasiwn olygfa – *such a sight*

chwarddodd – *he laughed*

y Babell Lên – *the Literature Tent (at the National Eisteddfod)*

ceiliog dandi – *dandy cockerel*

y Maes – *the Eisteddfod field*

malu – *to smash*

clo – *lock*

olion bysedd – *fingerprints*

tyst,ion – *witness,es*

Lleoedd Ffion Hague

Mae Ffion Hague yn ymgynghorydd ym myd busnes ac yn gyflwynydd ar S4C. Dyma ei hoff leoedd hi...

Lle 1 – Cerrig yr Orsedd ym Mharc Bute, Caerdydd

"Ces i fy magu yng Nghaerdydd ac roedd Eisteddfod Genedlaethol 1978 yn ddigwyddiad mawr yn fy mhlentyndod i. Dyna pryd y cafodd Cerrig yr Orsedd eu codi.

"Dw i'n cofio seremoni cyhoeddi'r Eisteddfod yn glir. Roeddwn i'n ysu am gael bod yn y ddawns flodau. Ces i ganu'r cywydd croeso a pherfformio ym mhasiant y plant yn lle hynny.

"Fy nhad oedd cyfarwyddwr llawn amser cynta'r Eisteddfod. Felly, roedd hi'n wythnos brysur iawn i ni fel teulu!"

Lle 2 – Y Llyfrgell Genedlaethol, Aberystwyth

"Gwnes i radd ymchwil yn Aberystwyth. Felly, dw i'n gyfarwydd iawn â'r stafelloedd darllen yn y Llyfrgell Genedlaethol.

"Mae fy llyfr, *The Pain and the Privilege*, am wragedd Lloyd George yn seiliedig ar lawysgrifau sy yn y Llyfrgell.

"Mae'n fraint gweithio yn un o lyfrgelloedd mawr y byd. Mae yna drysorau di-rif yn y Llyfrgell. Mae'r staff yn ardderchog ac mae naws arbennig i'r lle sy'n dod â hanes yn fyw."

Lle 3 – Twmpath ym mhentre Catterick yn Swydd Efrog

"Mae pentref Catterick tua milltir a hanner o 'nghartre i yn Swydd Efrog ac yn rhan o etholaeth fy ngŵr i, William Hague.

"Cafodd byddin y Gododdin ei chladdu o dan y twmpath ar ôl brwydr Catraeth – yr hen enw am Catterick. Dyma'r traddodiad yn lleol.

"Dw i'n cerdded i Catterick ar draws y caeau yn aml. Mae plant ysgol yng Nghymru yn dysgu am frwydr Catraeth. Ond mae'r bobl sy'n byw yno nawr wedi anghofio. Rhyfedd! Dw i'n byw yn Swydd Efrog ers 12 mlynedd ac yn gwbl gartrefol yno nawr."

Geiriau

ymgynghorydd – *consultant*
Cerrig yr Orsedd – *the bardic stones, part of each Eisteddfod*
seremoni'r cyhoeddi – *traditional ceremony to proclaim that the Eisteddfod will visit an area within a year and a day*
ysu – *to yearn*
cywydd croeso – *a poem in strict metre to welcome the Eisteddfod to a place*
pasiant – *pageant*
cyfarwyddwr – *director*
y Llyfrgell Genedlaethol – *the National Library*
gradd ymchwil – *research degree*
seiliedig ar – *based on*
llawysgrif,au – *manuscript,s*
di-rif – *countless*
naws – *atmosphere*
twmpath – *mound*
Swydd Efrog – *Yorkshire*
etholaeth – *constituency*
byddin – *army*
y Gododdin – *the Welsh-speaking people who lived in what is now the north of England around the 6th century*
claddu – *to bury*

Ysbrydion Cymru

Mae Kevin a Sue Evans yn chwilio am ysbrydion yng Nghymru a Lloegr. Beth am fynd gyda nhw... os 'dych chi'n ddigon dewr!

Yn y dydd, mae Kevin Evans yn glanhau. Mae cwmni glanhau gyda fe yn Aberystwyth ers 20 mlynedd. Ond gyda'r nos, mae e'n chwilio am ysbrydion.

Mae e'n mynd i leoedd yng Nghymru a Lloegr gyda chyfryngwr – *medium* – sy'n siarad â'r meirw. Mae criw o bobl eraill yn mynd gydag e – pobl sy eisiau gweld ysbrydion.

Ar Ben Ffordd: Pryd dechreuodd eich diddordeb chi?
Kevin Evans: Ddwy flynedd yn ôl, aethon ni i Skirrid Inn yn y Fenni gyda chwmni hela ysbrydion. Roeddwn i braidd yn amheus.

ABFf: Beth ddigwyddodd ar y noson?

KE: Roedd pryd o fwyd yn gynta a sgwrs am bethau mae pobl yn eu defnyddio – *dowsing rods, pendulums, EMF meters*. Yna, roedd cyfle i fynd o gwmpas mewn grwpiau yn galw ar ysbrydion. Roedd y cyfryngwr yn gallu synhwyro os oedd ysbryd wedi dilyn pobl.

ABFf: Sut oedd y noson gynta?

KE: Gwelon ni wydrau'n symud. Dywedodd y cyfryngwr, "Mae ysbryd yma o'r enw Judge Jeffreys." Roedd e'n farnwr cas ac roedd e'n crogi pobl am sbort.

Lle Sbwci! – Skirrid Inn

Mae'r dafarn yn y Fenni dros 900 mlwydd oed. Roedd hi'n dafarn a llys barn ar un adeg. Roedd Jeffreys yn farnwr creulon. Roedd e'n dod i'r dafarn i gynnal llys, meddai rhai. Mae ôl llosg ar un o'r trawstiau pren lle roedd y rhaff i grogi pobl. Hi ydy'r dafarn hynaf yng Nghymru – yr hynaf yn ynysoedd Prydain, meddai rhai.

ABFf: Sut dechreuodd Spooky Happenings?

KE: Aethon ni ar sawl helfa. Yna, meddyliodd Sue, "Beth am i ni wneud hyn?" Gwnaethon ni wefan a dechrau trefnu nosweithiau.

ABFf: 'Dych chi'n gallu siarad ag ysbrydion?

KE: Nac ydw. Dros amser 'dych chi'n dod yn fwy 'sensitif'. Dyna mae ein cyfryngwr ni'n ddweud. Nawr, pan dw i'n mynd i ystafell dw i'n gwybod, 'Mae rhywun yno.'

ABFf: 'Dych chi wedi gweld ysbryd?

KE: Roedd ysbryd yn byw yn nhŷ Sue yng Nghaer.

Merch 15 oed o'r enw Emily ydy hi. Cwympodd hi i lawr y grisiau a marw. Mae hi wedi dilyn fy ngwraig i'n tŷ ni ym Methania. Mae Laura, merch Sue, wedi ei gweld hi sawl gwaith. Dydy hi ddim yn hoffi siarad am y peth. Mae pobl yn dweud, "Ti'n wallgo."

ABFf: Pwy ydy'ch cyfryngwr chi?

KE. Howard Davison o Wigan.

ABFf: Ydy e'n dda?

KE: Ydy, mae e'n onest. Dwedodd e wrth Sue, "Mae menyw gyda fi. Mae hi'n codi rhywbeth o'r llawr a'i hongian e i fyny. Oes wardrob 'da ti yn yr ystafell wely?" Atebodd Sue, "Nac oes." Roedden ni wedi symud i dŷ newydd. Doedden ni ddim wedi prynu wardrob newydd ac roedd y dillad ar y llawr. Sut roedd e'n gwybod hynny?

Geiriau

ysbryd,ion — *ghost,s*
dewr — *brave*
y meirw — *the dead*
Y Fenni — *Abergavenny*
hela — *to hunt*
braidd yn amheus — *sceptical*
synhwyro — *to sense*
barnwr — *judge*
crogi — *to hang*
creulon — *cruel*
ôl llosg — *burn marks*
trawst,iau — *beam,s*
rhaff — *rope*
helfa — *hunt*
gwallgo — *mad*
hongian — *to hang*

Pwy laddodd Huw Dwyfor? – Rhan 2

"Robin laddodd Huw Dwyfor a dw i'n gwybod sut."

Gwenodd y cyn-dditectif arni hi. "Felly, gadewch i ni glywed eich eglurhad," meddai. "Ond cofiwch fod Huw Dwyfor yn y Babell Lên ychydig cyn un ar ddeg o'r gloch, a'i fod o wedi mynd yn syth o'r Babell Lên i'r tŷ bach ar Faes yr Eisteddfod. O'r tŷ bach, roedd ganddo fo ddeg munud, o leiaf, o waith cerdded yn ôl i'r maes carafanau. Cofiwch hefyd ei fod o'n gloff! Felly, doedd dim posib i Huw Dwyfor fod yn ôl yn ei garafán cyn chwarter wedi un ar ddeg. Am hanner awr wedi un ar ddeg, roedd Robin yn Llangollen, ugain milltir i ffwrdd, felly doedd hi ddim yn bosib iddo fo fod wedi lladd ei frawd."

"Ond roedden nhw'n *identical twins*!" meddai'r wraig. "Nid Huw Dwyfor oedd yn y Babell Lên, ond Robin… yn gwisgo dillad ei frawd ac yn smalio ei fod o'n gloff. Roedd o wedi lladd Huw Dwyfor cyn mynd i'r Babell Lên. Yna, ar ôl gadael y Babell Lên am bum munud i un ar ddeg, aeth o yn syth i'r tŷ bach i newid o'r dillad lliwgar a brysio'n ôl at ei fotobeic. Basai o'n gallu bod yn Llangollen erbyn hanner awr wedi un ar ddeg, a chael *alibi* iddo'i hun."

Gwenodd y ditectif, yn amlwg yn mwynhau'r gêm. "Da iawn," meddai, "ond sut 'dach chi'n egluro'r ffaith bod Huw Dwyfor yn gwisgo'r dillad lliwgar pan ddaeth yr heddlu o hyd i'r corff?"

"Ym… Efallai fod Robin wedi mynd yn ôl i'r garafán ddiwrnod neu ddau wedyn i newid y dillad cyn i'r corff gael ei ddarganfod."

"Na. Basai hynny'n ormod o risg. Sut bynnag, roedd dillad y corff yn waed i gyd."

Wrth weld golwg mor ddryslyd ar wynebau'r merched o'i flaen, penderfynodd Ifan Rowlands egluro'r cwbl iddyn nhw.

"Dyma beth ddigwyddodd," meddai. "Pan glywodd Robin fod arian mawr yn cael ei gynnig am y fferm, dechreuodd o gynllwynio i ladd ei frawd. Roedd ganddo fo ddyledion mawr ac roedd o'n awyddus i werthu'r fferm; nid yn unig i gael ei siâr ei hun, ond siâr ei frawd hefyd. Ond roedd ei frawd yn gwrthod gwerthu, wrth gwrs. Felly, nid mynd i Bwllheli i drafod efo Huw Dwyfor wnaeth Robin, ond mynd yno i'w ladd o. Mae'n wir mai yn ei garafán y cafodd Huw Dwyfor ei ladd, ond nid yn yr Eisteddfod! Roedd o wedi cael ei ladd gartref ar y fferm ym Mhwllheli. Pan gyrhaeddodd Twm Puw, y gwas, am naw o'r gloch, roedd o'n meddwl mai Huw Dwyfor oedd tu ôl i olwyn y car ond Robin oedd o mewn gwirionedd."

"Ond y dillad? Sut mae egluro'r dillad?"

"Roedd y dillad yn rhan o'r cynllwyn. Anrheg Robin i'w frawd oedd y dillad. Roedd o'n gwybod y basai ei frawd o'n siŵr o'u gwisgo nhw i fynd i'r Eisteddfod. Ond roedd Robin wedi prynu **dau** o bob dilledyn – dau grys oren, dau dei bô melyn, dau drowsus glas."

Eisteddodd y ditectif yn ôl yn ei gadair, yn fodlon ei fod o wedi egluro'r dirgelwch.

"A!" meddai un o'r merched. "Ond beth am y motobeic? Doedd Robin ddim yn medru dreifio'r car a reidio motobeic yr un pryd."

"Cwestiwn da! Ond 'dach chi'n gweld, erbyn i Twm Puw, y gwas, gyrraedd am naw o'r gloch, roedd Robin wedi rhoi'r beic yn y garafán. Yna, ar ôl cyrraedd y Bala, tynnodd o'r beic allan a'i adael o mewn lle cyfleus yn ymyl Maes yr Eisteddfod. Yna, gyrrodd o'r car i mewn i'r maes carafanau. Brysiodd o wedyn i'r Babell Lên a gwneud yn siŵr fod pawb yno yn ei weld o. Yna, aeth o i'r toiled ar y Maes a gwisgo'i ddillad lledr a'i helmed. Roedd y rheiny ganddo fo mewn bag ar ei gefn. Yna, brysiodd o yn ôl at y beic heb i neb ei

62

nabod o, a chyrraedd Llangollen erbyn hanner awr wedi un
ar ddeg. Dyna sut cafodd Huw Dwyfor ei ladd! A dyna pam
wnaeth yr heddlu ddim dal y llofrudd."

"Ond sut 'dach chi'n gwybod hyn i gyd rŵan?"

Eisteddodd Ifan Rowlands yn ôl yn ei gadair i orffen ei
stori. "Wythnos yn ôl, daeth galwad ffôn i mi o Ysbyty
Maelor, Wrecsam, i ddweud bod un o'r cleifion isio fy
ngweld i. Robin oedd o! Ar ei wely angau! Isio cyfaddef
popeth cyn marw, meddai, er mwyn cael maddeuant am ei
bechodau..."

Gwenodd y ditectif, cyn ychwanegu, "Dw i ddim yn
gallu cynnig maddeuant iddo fo, wrth gwrs, ond dw i am
fynd i'w angladd o yfory..."

Geraint V Jones

Geiriau

eglurhad – *explanation*
smalio (gog)/ esgus (de) – *to pretend*
brysio – *to rush*
darganfod – *to find*
dryslyd – *confused*
cynllwynio – *to plot*
dyled,ion – *debt,s*
mewn gwirionedd – *in reality*
cynllwyn – *plot*
cyfleus – *convenient*
claf, cleifion – *patient,s*
ar ei wely angau – *on his death bed*
cyfaddef – *to admit*
maddeuant – *forgiveness*
pechod,au – *sin,s*

Mae chwe llyfr yn y gyfres Ar Ben Ffordd i gyd. Dyma'r cam nesa i ddarllenwyr *Ar Garlam* – Lefel Canolradd, *Cath i Gythraul*. Hefyd, mae deunydd difyr yn y llyfr Lefel Sylfaen, *Nerth dy Draed*:

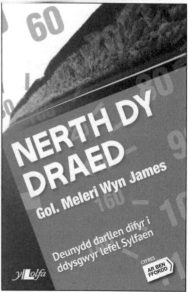

TALYBONT, CEREDIGION, CYMRU SY24 5HE
e-bost: ylolfa@ylolfa.com
y we: www.ylolfa.com
ffôn: 01970 832304
ffacs: 01970 832782